채소가 좋아

채소가 좋아

2013년 3월 15일 초판 1쇄 펴냄

펴낸곳 | 꿈소담이
펴낸이 | 김숙희
글 · 그림 | 백명식

주소 | 136-023 서울특별시 성북구 성북동 1가 115-24 4층
전화 | 747-8970 / 742-8902(편집) / 741-8971(영업)
팩스 | 762-8567
등록번호 | 제6-473(2002. 9. 3)

홈페이지 | www.dreamsodam.co.kr
북 카 페 | cafe.naver.com/sodambooks
전자우편 | isodam@dreamsodam.co.kr

ISBN 978-89-5689-806-3 64000

채소가 좋아

글·그림 **백명식**

소담 주니어

갖가지 양념 넣고 조물조물 무친

싱싱한 채소, 풋풋한 나물

한입 먹어 볼래?

푸릇푸릇 채소들아 반가워~

맛있는 채소를 키우려면 좋은 흙이 있어야 해.

좋은 흙을 만드는 최고의 기술자는 바로 지렁이!

땅을 기름지게 하고 영양가 있게 만드는 고마운 친구지.

지렁이가 없어도 좋은 흙을 만들 수 있을까?

물론 좋은 방법이 있어.

우선 낙엽이나 음식물 찌꺼기, 깻묵, 한약 찌꺼기 등

구할 수 있는 것들은 다 구해.

이것들을 흙과 골고루 섞어 두면 영양 만점 좋은 흙으로 변신!

고약한 냄새가 좀 심하다는 것이 흠이지만

조금만 지나면 이 냄새가 구수하게 느껴질 거야.

깻묵

한약 찌꺼기

낙엽

닭똥

풀

음식 찌꺼기

재

엄마와 나는 베란다에 채소를 심기로 했어.
그러면 언제든지 깨끗하고 싱싱한 채소를 먹을 수 있잖아.

원예용 가위

노끈

버팀목

모종삽

화분

물뿌리개

채소를 심을 때 이런 도구들이 필요해.

원예용 가위: 줄기나 잎을 자르거나 다듬을 때 사용해.

모종삽: 모종을 심을 때나 거름을 줄 때 사용해.

물뿌리개: 없어서는 안 되는 중요한 도구야. 물이 충분하게 들어가는 큰 것이 좋아.

버팀목: 위로 뻗는 줄기나 덩굴을 지탱해 주는 막대야.

노끈: 버팀목을 세우거나 줄기를 올릴 때 사용해.

화분: 채소를 심는 그릇이야. 보통, 지름 10cm 정도 크기가 좋아. 여러 모종을 한꺼번에 심을 때는 사각형 화분이 좋아.

잎을 먹는 잎채소

깻잎

깻잎은 들기름을 만드는 들깨나무의 잎이야.
김치나 장아찌로 담가 먹기도 하지만 생선이
나 고기를 먹을 때 냄새를 없애 주는 역할을
하기 때문에 주로 쌈으로 먹어.
다른 채소보다 잘 시들기 때문에 밀봉해서
냉장고에 보관해야 해.

냄새로 먹는 채소라 할 만큼
향긋한 냄새가 나.

브로콜리

비타민 C가 많이 들어 있는 채소야.
보통 조리할 때는 줄기는 잘라 버리고
먹지 않아. 살짝 데쳐서 고추장이나 마
요네즈에 찍어 먹어도 맛있어.

꽃봉오리가 피기 전에 잎을 먹어야 해.

엄마와 나는 정성껏 채소를 키웠어.

쑥을
닮았네.

쑥갓

상추쌈과 함께 싸 먹으면 더 맛 좋은 쑥갓! 근데 쌉싸름하며 독특한 향 때문에 싫어하는 친구들도 있어.
튀김이나 나물, 샐러드 등 여러 가지를 만들어 먹기도 하지만 쌈으로 먹는 것이 최고야.

역시 쌈은
상추쌈이 최고!

상추

쌈을 싸 먹을 때 꼭 필요한 것은? 샐러드나 생으로 먹을 때 없어는 안 되는 채소는? 그래, 두말 할 필요 없이 상추!
상추는 마당이나 밭이 없어도 기를 수가 있어. 작은 공간과 화분만 있으면 언제 어디서든 키울 수 있기 때문에 더욱 사랑스런 채소야.

얼마 지나지 않아 베란다가 연두색 잎들로 가득 찼어.

시금치

시금치는 약간의 햇빛만 있어도 아주 잘 자라.
그리고 꽁꽁 언 땅에서도 잘 자라. 추운 곳에
서 자라면 단맛이 더 강해지지.
그래서 가을에 씨를 뿌려 추운 겨울이나 봄
에 먹어.

날씨가 따뜻하면

잘 자라지 못해.

얼갈이

바로 만들어 먹는 겉절이 재료로
안성맞춤! 된장국에 넣어 먹거나
고추장에 무쳐 먹으면 맛있어.

스틱브로콜리

스틱브로콜리는 더위에 강해 여름에 수확해.
꽃봉오리만 먹고 곁가지를 키워 먹으면 두고
두고 겨울까지 먹을 수 있어.
일반 브로콜리는 꽃봉오리를 먹지만 스틱브로
콜리는 줄기까지 먹을 수 있어.

된장국에 넣어 끓여 먹어도 참 맛있어.

노란 배춧속은 쌈으로 먹거나

배추

김치를 만들 때 꼭 필요한 채소는?
그래, 두말 할 필요 없이 배추야.
이 위대한 배추는 초겨울 서리를
맞으면 잎이 달아진대. 그래서 서
리를 흠뻑 맞은 배추로 김장을 담
그는 거야.

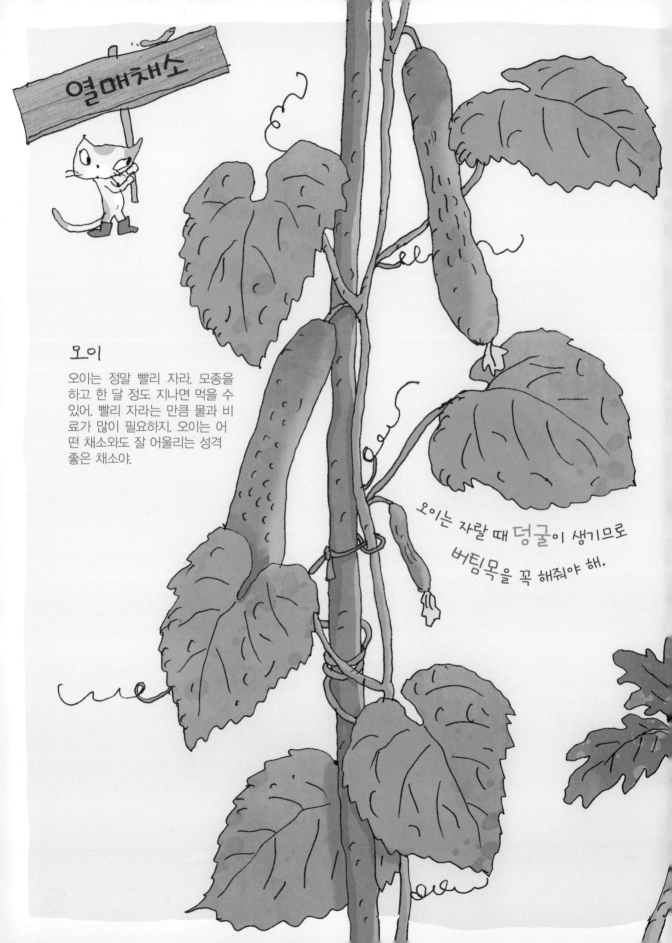

열매채소

오이

오이는 정말 빨리 자라. 모종을
하고 한 달 정도 지나면 먹을 수
있어. 빨리 자라는 만큼 물과 비
료가 많이 필요하지. 오이는 어
떤 채소와도 잘 어울리는 성격
좋은 채소야.

오이는 자랄 때 덩굴이 생기므로
버팀목을 꼭 해줘야 해.

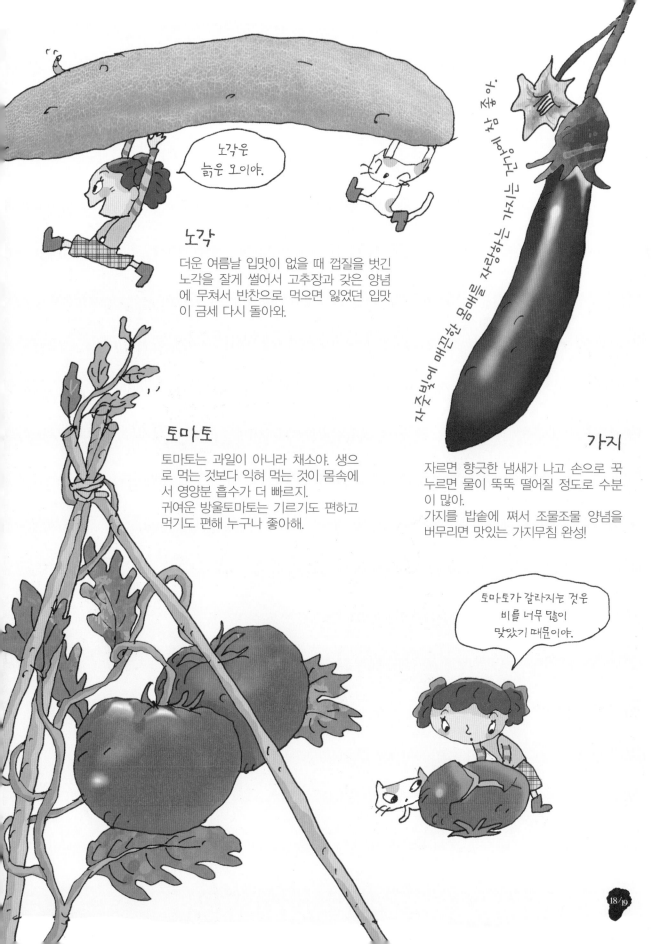

노각은
늙은 오이야.

노각

더운 여름날 입맛이 없을 때 껍질을 벗긴 노각을 잘게 썰어서 고추장과 갖은 양념에 무쳐서 반찬으로 먹으면 잃었던 입맛이 금세 다시 돌아와.

자줏빛에 매끈한 몸매를 자랑하는 가지는 빛에서 많은 영양

가지

자르면 향긋한 냄새가 나고 손으로 꾹 누르면 물이 뚝뚝 떨어질 정도로 수분이 많아.
가지를 밥솥에 쪄서 조물조물 양념을 버무리면 맛있는 가지무침 완성!

토마토

토마토는 과일이 아니라 채소야. 생으로 먹는 것보다 익혀 먹는 것이 몸속에서 영양분 흡수가 더 빠르지.
귀여운 방울토마토는 기르기도 편하고 먹기도 편해 누구나 좋아해.

토마토가 갈라지는 것은
비를 너무 많이
맞았기 때문이야.

18/19

호박

서양에서 들어온 단호박은 달짝지근한 고구마와 맛이 비슷해. 찜이나 스프를 만들어 먹기에 딱 좋아. 우리나라에서 흔히 볼 수 있는 동양종은 맛이 좋고 물기가 많아. 반찬으로 많이 쓰이는 애호박은 겉이 매끈하고 반들반들 윤기가 있는 것이 좋아.
수확 시기를 놓친 호박은 겉이 딱딱하고 속은 붉게 변해. 이런 호박은 겉껍질을 벗겨 내고 속을 파내. 그런 다음 두꺼운 속껍질을 길게 썰어 햇볕에 말려. 이것을 떡에 넣어 먹으면 맛있는 '호박곶이 떡'이 돼!

파프리카

비타민 C가 시금치의 5배나 들어 있어. 특이한 냄새 때문에 싫어하는 사람도 있지만 건강을 위해서 많이 찾는 채소야.

파프리카도 피망의 일종이야.

자연수정이 안 될 때는 인공수정을 해야 열매를 맺을 수 있어.

연두, 노랑, 빨강 등 알록달록 예쁜 색깔이 입맛을 돋게 해.

기름에 볶아 먹기도 하고 샐러드로 먹어도 맛있어.

고추

고추는 우리나라 사람이라면 누구나 좋아해.
고추의 매운 맛을 내는 '캡사이신'은 소화를
도와줘. 비타민은 물론 여러 가지 영양분이 가
득 들어 있어 여러모로 고마운 채소야.

콩

콩은 어떤 환경에서도 거침없이 쑥쑥 잘 자라는
튼튼한 채소야. 비탈진 논둑이나 밭 가장자리 자
투리땅에 심어도 잘 자라지.
쓰임새는 또 얼마나 많다고. 밥을 지을 때 넣
기도 하고 떡을 만들 때 한약방 감초처럼 빠지
지 않아.
풋콩은 아파트 베란다에서도 쉽게 기를 수 있
어. 이 풋콩을 끈기 있게 키우면 콩나물을 길러
먹을 수도 있어.

뿌리채소

잎이나 줄기가
누렇게 변하면
수확을 해도 돼.

무

밭에서 막 캔 무도 맛있지만 땅속에 묻었다가
겨울에 꺼내 먹으면 더 맛있어. 특히 겨울에 목
이 칼칼하거나 감기기운이 있을 때 먹으면 좋아.
보관할 때 신문지에 싸서 냉장고에 넣어 두면
오랫동안 보관할 수 있어.

감자

씨감자를 밭에 심어 수확을 해.
서늘하고 시원한 곳을 좋아해. 온도가 높으면
잘 자라지 못하거든.
만약 감자에 싹이 나면 먹기 전 칼로 꼭 잘라내
고 먹어야 해. 싹이 있는 부분에는 '솔라닌'이라
는 독이 들어 있어. 녹색으로 변한 부분에도 '솔
라닌'이 있다는 사실, 꼭 기억해!

수확 시기가
늦어지면 뿌리가
갈라진대.

우엉은 땅속의 물을 찾아
아래로 곧게 뻗기 때문에
길이가 1m가 넘는 것도 있어.
우엉은 다른 채소보다
뿌리가 아주 튼튼해.

주황색의 비밀은
바로 바로
베타카로틴!

하루에
반 토막이
딱 적당해.

우엉

우엉에는 식이섬유가 많이 들어
있어. 장을 청소하는 데 딱 맞는
채소지.
짭짤하게 양념해 조려서 밑반찬
으로 먹으면 아삭아삭 씹히는 맛
이 그만이야.

당근

'베타카로틴'은 몸의 세포가 노화되는 것을
막아 주고 몸 안의 나쁜 물질을 없애 줘. 특
히 비타민 A가 많이 들어 있어서 키를 쑥
쑥 크게 하지.
그렇다고 너무 많이 먹으면 곤란해. 당근은
칼로리가 높아서 살이 찔 수 있거든.

고구마

고구마는 껍질째 먹는 것이 좋아. 껍질에는 여러 가지 무기질과 '베타카로틴'이 들어 있거든.
고구마를 많이 먹으면 속이 부글부글하고 가스가 차 방귀가 많이 나와. 고구마에 들어 있는 '얄라핀'이라는 물질이 세균을 증식시켜 가스를 만들기 때문이지.
시원한 동치미나 사과, 우유 등과 함께 먹으면 방귀가 줄어들지.

강화도에서 나는 순무가 제일 유명해. 매운맛과 쌉쌀한 인삼맛이 나지.

보라색의 비밀은 안토시아닌!

순무

위쪽은 보라색이고 아래쪽은 하얀색인 순무! 꼭 둥근 팽이처럼 생겼어.
순무는 흙의 습도에 따라 뿌리가 갈라질 수가 있어.

잎이 시들었다면 빨리 떼어내는 것이 좋아. 시든 잎은 병충해의 원인이 될 수 있어.

시든잎

양파

양파는 어디서든 구하기 쉽고 값도 싸서 사랑받는 채소야. 양파를 깔 때 눈물이 저절로 나와. 양파에 들어 있는 '프로페닐스르펜산'이라는 물질이 눈에 들어가서 화학 작용을 일으켜 눈물이 나오는 거야.

마늘

우리나라 모든 음식에 거의 빠짐없이 들어가는 마늘. 특히 김치를 담글 때 꼭 필요하다는 것쯤은 알고 있겠지? 음식뿐 아니라 건강을 지켜주는 약의 재료로도 쓰여.

양파는 물만 있어도 쑥쑥 잘 자라.

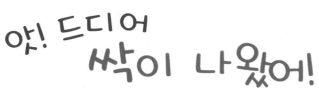

앗! 드디어 싹이 나왔어!

한나절 눈이 오더니 다시 추워졌어.
엄마와 나는 베란다에 나가서 화분을
살펴보았어.
어머나, 이게 웬일?
앙증맞게 생긴 아주 작은 싹들이 나오기
시작한 거야.
며칠 전에 심은 얼갈이
배추 씨앗이 드디어
싹을 틔운 거지.

송이네 베란다 전용농장

얼갈이 배추 기르기

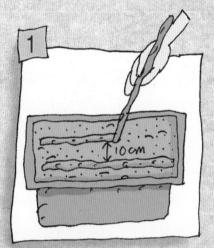

1

씨 뿌릴 고랑을 파.
흙 표면을 평평하게 한 다음, 막대기로 두 개의 고
랑을 파. 줄과 줄 사이는 10~15cm 정도 떨어뜨
리는 게 딱 좋아.

2

씨를 뿌려.
씨는 1cm 정도의 간격을
두고 뿌려.

싹이 나오기 시작하면
한군데로 모인 것들을
솎아 줘야 해.

3

흙이 마르지
않도록!

흙을 덮어.
흙을 덮은 다음 물 조리개로 물을 흠뻑 주는 것
을 잊지 말아 줘. 싹이 틀 때까지 흙이 마르지 않
도록 해야 해.

이렇게 꼼꼼히 심고 정성껏 돌보면 몇 주 후 파릇한 얼갈이를 볼 수 있을 거야.

송이표 겉절이 김치를 부탁해!

1. 싱싱한 배추를 깨끗하게 씻은 다음 길게 쭉쭉 찢어 바구니에 담아 놓아.

2. 고춧가루, 파, 마늘(잘게 다져 놓을 것), 젓갈을 넣고

난 새우젓이 좋아.

젓갈 좀 갖다 줄래?

새우젓

3. 손으로 마구마구 버무려.
(주의! 장갑을 안 끼면 손이 따가울 수 있음)

버무리는 것은 제가 할게요.

4. 고소한 참기름 몇 방울 똑똑 떨어뜨리고 접시에 정갈하게 담아.

고소한 참기름 똑똑….

5. 마지막으로 깨를 솔솔 뿌려 상 위에 올려놓으면 끝!
보기만 해도 군침이 도는 겉절이 한 접시. 꿀꺽!

마지막으로 고소한 참깨를 솔솔….

우리는 햇볕을 좋아해.
햇볕을 충분히 받을 수 있는 곳이 좋아.

기온이 너무
높으면 내 몸이
구부러져.
그래도 난 햇볕이
좋아.

어서 와.

나도 햇볕이
좋아.

가지

토마토

호박

오이

우리는 햇볕이 조금만 비쳐도 괜찮아.
가끔 햇볕을 받거나 반나절만
햇볕을 받아도 잘 자라.

햇볕은
조금만 쬐어도 돼.

쑥갓   생강   소송채   시금치

외할머니 댁 마당과 뒷산에도 봄이 왔어!

엄마와 나는 외할머니 댁에 나물을 캐러 갔어.

외할머니가 맨발로 뛰어 나와 우리를 반겨 주시네.

마당 한 구석에 핀 라일락꽃도 향기를 뿜으며 우리를 반겨 주었어.

"먼 길 오느라 힘들었지? 우리 예쁜 송이 온다구 해서

이 할미가 맛있는 거 많이 준비했단다."

부엌에는 벌써 밥상이 차려져 있었어.

엄마와 나는 눈이 휘둥그레졌어.

밥상 위에는 온갖 나물로 만든 반찬이 잔뜩 차려져 있었거든.

"이거는 곰취나물, 요것은 잔대와 얼레지나물,

이놈은 고들빼기로 만든 김치, 조기 조놈은 원추리나물,

요놈은 도라지 무침……."

할머니는 밥상 위 반찬들을 일일이 가리키며 신 나게 말씀하셨어.

냠~ 냠~ 냠~

엄마와 나는 어느새 밥 한 그릇을 싹 비웠어.

나물 반찬이 이렇게 맛있는지 처음 알았지 뭐야.

흠흠, 상큼한 냄새가 나!

다음 날 외할머니와 엄마 그리고 나는 뒷산으로 나물을 캐러 갔어.
키다리 아카시아 나무가 하얀 꽃망울을 틔우며 우리를 반겨 주었어.
주위에는 나물과 풀들이 가득해.
할머니와 엄마가 캔 나물로 금방 소쿠리가 가득 찼어.
씩씩하게 잘 자란 온갖 나물들이 서로 자태를 자랑하듯
소쿠리 밖으로 **삐죽삐죽** 나와 있어.
나물에서는 상큼한 냄새가 나.

고사리
도라지
깨풀
냉이
달맞이꽃
동의나물
씀바귀
둥글레

원추리

땅두릅

잔대

당귀

쑥부쟁이

두릅나무

개미취

더덕나무

톱풀

딱지꽃

삿갓나물

은방울꽃

민들레

고들빼기

곤달비

곰취

산들 산들 봄나물

우리는 마당에 멍석을 깔고 캐 온 나물을 펼쳐 놓았어.

달래

알싸한 향과 약간 매운 맛이 일품인 달래는 봄나물 중 으뜸이야.
앙증맞은 알뿌리는 줄기와 함께 무쳐 먹기도 하고, 김이나 도토리묵과 함께 무쳐 먹으면 봄 냄새를 물씬 느낄 수가 있어.

도라지는 날것으로
먹어도 좋대.
쓰다. 써.

도라지

도라지는 뿌리만 먹는다고 알고 있지만 천만의 말씀! 오히려 뿌리보다 어린잎이 더 맛있다는 사실.
꽃도 먹을 수 있지만 개미들이 좋아해서 꽃에는 개미가 득실득실해.
그러니까 잘 씻어 먹어야 해.

잔대

샐러드로 먹거나 겉절이, 무침으로 해 먹어.
뿌리는 개도라지라고 불러. 도라지처럼 먹을 수 있지만 맛은 도라지만 못해.
어린잎은 데치지 않고 그냥 생으로도 먹는데 맛이 담백하고 고소해.
좀 자라면 데쳐서 나물로 먹지만 맛은 어린잎만 못해.

꽃과 뿌리에 '사포닌' 성분이 들어 있어서 쌉싸래한 맛이 나.

어린잎만 먹어.

쑥부쟁이

날것으로 먹으면 쓰고 시큼한 맛이
나고, 데쳐서 간장에 무쳐 먹으면 봄
냄새를 흠뻑 맡을 수 있어.

유채꽃이야.

무 잎처럼 톡 쏘는 맛이 상큼해.

유채

유채는 갓하고 비슷하게 생겼어. 노란색 꽃
을 한껏 피우고 사람들에게 볼거리를 만들
어 주지. 우리가 먹는 건 연한 잎이야. 샐러드
나 김밥 속 재료로 안성맞춤! 무쳐 먹거나 겉
절이로 먹어.

머위

주로 어린잎과 줄기를 먹어.
잎은 날것으로 먹으면 맛이 너무 써서 먹
기 힘들어. 그래서 보통 2~3번 정도 쓴
맛을 우려내야 먹을 수 있어.

참기름으로 살살 볶아 먹으면 고소하고,
쌉싸래하고 시큼한 맛이나.
줄기는 조림이나 볶아서 먹고, 꽃은 튀김
이나 차로 먹어.

미나리

지금은 논이나 밭에서 한꺼번에 많이 재배하지만
가끔 논둑이나 들판 습한 곳에서 야생 미나리를
볼 수 있어.
미나리는 식초를 넣은 물에 씻어서 데친 후 여러
번 헹군 뒤 쪽파, 간장, 참기름 등 갖가지 양념을
넣고 무쳐 먹어. 상큼한 맛과 함께 꼬들꼬들 씹히
는 맛이 그만이야.
도토리묵과 함께 무쳐 먹으면 더 맛있어.

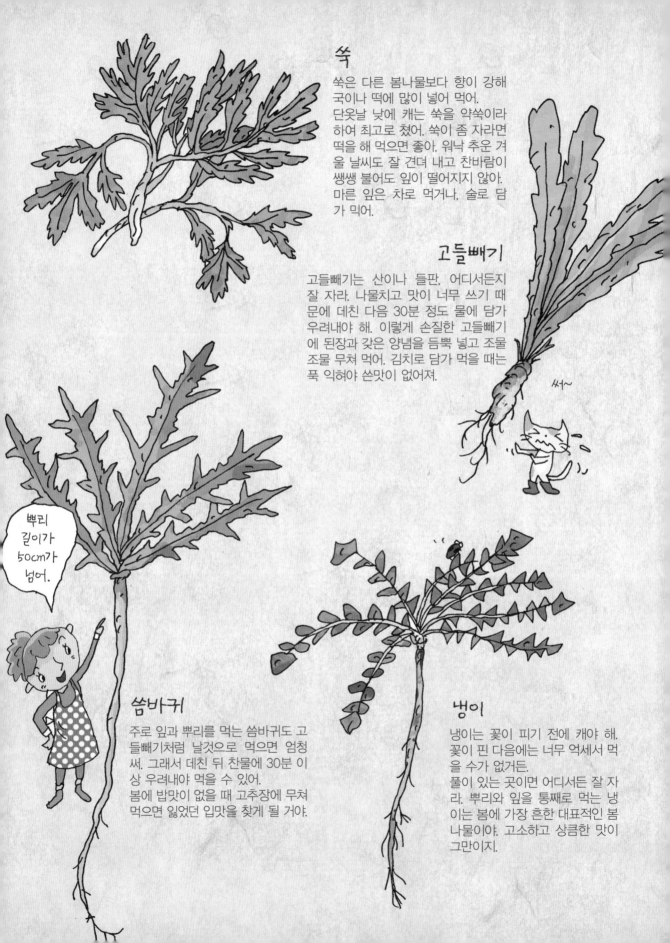

쑥

쑥은 다른 봄나물보다 향이 강해 국이나 떡에 많이 넣어 먹어. 단옷날 낮에 캐는 쑥을 약쑥이라 하여 최고로 쳤어. 쑥이 좀 자라면 떡을 해 먹으면 좋아. 워낙 추운 겨울 날씨도 잘 견뎌 내고 찬바람이 쌩쌩 불어도 잎이 떨어지지 않아. 마른 잎은 차로 먹거나, 술로 담가 먹어.

고들빼기

고들빼기는 산이나 들판, 어디서든지 잘 자라. 나물치고 맛이 너무 쓰기 때문에 데친 다음 30분 정도 물에 담가 우려내야 해. 이렇게 손질한 고들빼기에 된장과 갖은 양념을 듬뿍 넣고 조물조물 무쳐 먹어. 김치로 담가 먹을 때는 푹 익혀야 쓴맛이 없어져.

써~

씀바귀

뿌리 길이가 50cm가 넘어.

주로 잎과 뿌리를 먹는 씀바귀도 고들빼기처럼 날것으로 먹으면 엄청 써. 그래서 데친 뒤 찬물에 30분 이상 우려내야 먹을 수 있어. 봄에 밥맛이 없을 때 고추장에 무쳐 먹으면 잃었던 입맛을 찾게 될 거야.

냉이

냉이는 꽃이 피기 전에 캐야 해. 꽃이 핀 다음에는 너무 억세서 먹을 수가 없거든. 풀이 있는 곳이면 어디서든 잘 자라. 뿌리와 잎을 통째로 먹는 냉이는 봄에 가장 흔한 대표적인 봄나물이야. 고소하고 상큼한 맛이 그만이지.

비름나물

시장에서도 구입할 수 있는 아주 흔한 나물이야.
비름나물은 날것으로 먹어도 그렇게 쓰지 않아.
살짝 데친 뒤 고추장 무침을 해 먹으면 참 맛있어.
어린잎은 갈아서 생즙으로 먹기도 해.

조밥나물

잎 가장자리에 4~5개 정도의 뾰족한 톱
니가 나와 있어. 길쭉하게 생긴 잎에 톱니
가 보인다면 분명 조밥나물일 거야.
약초로 쓰이기도 해.

참나물

시장에서 파는 참나물보다는 깊은 산
속에서 캔 참나물이 더 맛있어. 진짜
참나물의 맛을 보고 싶다면 깊은 산
속으로 들어가야 되지 않을까?
무쳐서 먹거나 쌈으로 먹기도 하지만
김치로 만들어 먹어도 좋아.

파드득나물

이름이 좀 유별나지? 풀 이름 끝에
'나물'이란 단어가 붙으면 맛있다는
뜻이야.
실제로 파드득나물은 참기름이나
들기름에 무쳐 먹으면 맛있어.

참나물로 고기를
싸 먹으면 참 맛있어.

바람 솔솔 여름나물

당귀꽃은 보랏빛이야. 독특한 냄새가 나.

당귀

약으로 많이 쓰이는 당귀는 향이 좋아서 쌈으로 많이 먹어.
산에는 당귀와 비슷하게 생긴 풀들이 많으니까 조심스럽게 구별을 해야 해. 생긴 것은 비슷해도 잎에서 고약한 냄새가 난다면 당귀가 아니야.
주로 어린잎을 쌈 채소로 먹어.

갈퀴덩굴

키가 10~30cm 정도로 자라는 갈퀴덩굴은 풀숲이나 들판 어디서나 흔하게 볼 수 있어.
잎이 4~6개씩 둘러서 나는 '큰잎 갈퀴', 잎이 4개씩 둘러서 나는 '산 갈퀴'가 있어.
갈퀴덩굴은 생즙으로 먹기도 해.

뚱딴지

뚱딴지의 알뿌리는 감자처럼 생겼어.
'돼지감자'라는 다른 이름으로 불리기도 해. 맛이 없어 돼지나 먹는다는 뜻이래.
최근에는 건강에 좋다고 알려져서 인기가 많은 알뿌리는 그냥 날것으로 먹기도 해.
잎도 조리를 잘하면 취나물처럼 맛있게 먹어.

갈퀴덩굴은 잎과 줄기를 같이 먹어.

뿌리……

뿌리는 이렇게 생겼어.

방아풀

방아풀에서는 박하냄새가 아주 많이 나. 어린잎도 냄새 때문에 코가 움찔 할 정도야. 그래서 입맛이 까다로운 사람은 먹기가 힘들어.
어린순으로 샐러드나 쌈을 싸 먹어.

흠~ 흠~ 시원상큼한 냄새가 나.

어린잎은 들깻잎과 비슷하게 생겼어.

꽃과 잎이 엉겅퀴와 비슷하게 생겼네.

각시취

잎에는 털이 있어서 손끝으로 만지면 꺼끌꺼끌해.
각시취는 묵나물(제철에 뜯어서 말려 두었다가 이듬해 봄에 먹는 나물)로 먹기도 해.
들깨와 들기름으로 볶으면 취나물 맛이 나.

등골나물

등골나물은 먹어도 되지만 아주 쓰고 맛이 없어. 대개 꽃을 말려 차로 마셔.
나물로 먹을 때는 참기름에 무치거나 볶아 먹어.

이런 어린잎을 먹어.

등골나무의 어린잎

메밀은 중국에서 왔대.

메밀

주로 씨를 가루로 만들어서 국수나 전, 묵, 빙떡을 만들어 먹어. 어린잎은 나물로 무쳐 먹고 다 자란 잎은 말려서 약으로 써.

배초향

배초향은 산 속 어디에서든 잘 자라. 꽃 향기가 진해 화초로 키우기도 해. 그늘 에서 키우면 꽃향기가 없어지니까 꼭 햇볕 잘 드는 곳에서 키워야 해. 생선의 비린내를 없앨 때 배초향 잎이 최고야. 잎을 생으로 먹으면 코를 톡 쏘 는 진한 향기를 느낄 수 있어. 하지만 데 쳐서 여러 번 헹구면 이 냄새는 없어져. 꽃은 말려서 차로 마시기도 해.

흠~ 민트향.

박하

박하껌이나 박하사탕을 만들 때 쓰이는 향료식물이야. 잎을 씹으면 아주 진한 박 하향이 나. 어린잎은 샐러드나 나물로 먹어.

나비나물

어린잎이나 꽃을 먹을 수 있어. 생으로 먹어도 괜찮을 만큼 쓴 맛은 없어.
다 자란 잎은 묵나물로 먹어.
꽃은 날것으로 먹거나 튀김으로 먹으면 별미야.

깨풀

잡초라고 할 정도로 들판 아무 데서나 볼 수 있어. 잎이 깻잎과 비슷하게 생겼다고 해서 깨풀이라고 해.
어린잎을 데친 후 간장이나 고추장에 무쳐 먹으면 취나물과 깻잎 맛이 나.

잎이 (톱)처럼 생겼군.

기름나물

기름나물은 이름처럼 잎이나 줄기에서 고소하고 맛있는 기름 냄새가 나.
털기름나물과 두메기름나물이 있어.
고추장무침보다는 간장으로 무쳐 먹는 것이 기름나물의 참맛을 더 잘 느낄 수 있을 거야.

톱풀

잎이 톱처럼 생겨서 톱풀이라고 불러.
산나물 중에서는 그래도 맛있는 편이야.
여름철 입맛이 없을 때 가끔 톱풀나물을 해 먹으면 잃었던 입맛을 되찾을 수 있어.

흠~
고소한
기름 냄새~

살랑살랑 가을나물

용담

'용의 웅담'이란 뜻대로 그 맛이 매우 써. 보통 나물처럼 쌉싸래한 맛이 아니라 그보다 몇십 배나 더 쓴맛이 나기도 해. 그래서 나물로 먹을 때는 데쳐서 여러 번 우려낸 후 요리하는 것이 좋아. 이때 강한 쓴맛을 없애려면 식초를 조금 쳐서 먹는 것도 괜찮은 방법이야.

용담꽃

고마리

나팔꽃 덩굴처럼 생긴 고마리는 주로 물가에서 자라. 지저분한 곳에서도 잘 자라기 때문에 요리하기 전에 깨끗하게 씻어야 해.
양념에 조물조물 무쳐서 먹으면 아삭하고 시큼한 맛이 나.

어린잎

잎이 세 갈래로 되어 있어.

가막사리

가막사리는 그렇게 맛있는 나물은 아니야. 꽃은 먹을 수 없고 어린잎을 데친 후 간장이나 고추장에 무쳐 먹어.
아삭아삭 씹히는 맛이 있어.

감국

들국화의 다른 이름이야. 감국은 매우 쓰기 때문에 어린순을 나물로 먹어. 어린순이라도 쓴맛이 강해서 데친 후 한참을 찬물에 우려내야 해.
고추장이나 된장에 무쳐 먹어. 이때에도 쓴맛이 있기 때문에 무칠 때 설탕을 조금 치는 것이 좋아.
꽃은 말리거나 그냥 생으로 차를 끓여 먹기도 해.

엉겅퀴

잎에는 가시가 나 있지만 데치면 부드러워져서 먹을 수 있어.
엉겅퀴는 별로 쓰지 않아. 나물로 해 먹을 때는 고추장에 무쳐 먹으면 맛있어.
잎은 볶음이나 무침, 튀김으로 해 먹고 줄기는 샐러드나 날것으로 먹어.

토란

토란은 줄기와 뿌리를 먹어. 줄기는 껍질을 벗기고 말려서 요리를 해. 껍질을 벗길 때는 꼭 장갑을 껴야 해.
줄기에서 나오는 액에 독이 있어 피부가 상하거든.
나물로 볶거나 무쳐 먹고, 국으로 끓여 먹어도 맛있어.

수리취

잎 뒷면이 앞면보다 흰빛을 띠고 있는 수리취는 맛이 참 좋은 나물이야. 잎으로 나물을 해 먹기도 하고 떡에 넣어 먹기도 해.
줄기 꼭대기에 있는 잎을 따서 푹 삶아. 3번 정도는 우려내야 쓴맛이 없어져.
나물을 요리할 때 참기름을 조금 넣으면 더 맛있어.

내가 만든 유리병 농장

줄기를 잘라 먹고 남은 미나리 뿌리를 유리병에 담가 놓았더니
다시 파릇파릇 싹이 나기 시작했어.
고구마도, 감자도 예쁜 유리병에 담가 놓았더니
덩굴을 이리저리 뻗치며 씩씩하게 잘 자라고 있어.
고구마 덩굴은 옆으로 길게 뻗어 나가.

1. 미나리 키우기
줄기를 자르고 뿌리가 있는 밑동만 남겨 물을
넣은 유리병에 담가 놓으면 혼자서도 잘 자라.
가끔 물뿌리개로 물을 주는 것을 잊지 말길.

3. 감자 기르기
병에 물이 감자의 반 정도만 차게 놓아. 되도록 감자의 뾰족한 부분이 위로 향하게 세워 놓는 것이 좋아.

2. 고구마 기르기
되도록이면 큰 고구마를 골라 넙적한 유리병에 담가 놓으면 알아서 잘 자라.
고구마는 덩굴식물이기 때문에 덩굴이 길게 뻗칠 수 있도록 공간을 만들어 주는 것이 중요해.

냠냠냠 나뭇잎도 맛있어!

두릅나무
줄기에는 가시가
많아. 조심, 조심.

두릅나무

두릅은 귀한 나물 중 하나야.
주로 새순을 먹는데 나무줄기에
는 많은 가시가 나 있어. 큰 가시
는 칼로 잘라내고 작은 가시는 삶
으면 연해져.
무침으로 해 먹거나 살짝 데쳐서
고추장에 찍어 먹기도 해. 튀기거
나 전으로 먹어도 맛있어.

고추나무

열매가 특이해. 부풀어오른 반원형인데 윗부분
이 두 갈래로 갈라져 있어.
잎은 고춧잎이랑 비슷하게 생겼어. 오히려 고춧
잎보다 더 연하고 맛있어. 어린잎을 데쳐 나물
로 먹어.

생강나무

생강 냄새가 나서 생강나무라고 해.
어린잎을 나물로 먹거나, 물에 우려내어 차로
마실 수 있어. 튀김이나 전으로 먹어도 맛있어.
차로 마시면 생강냄새가 더 많이 나. 냄새뿐
아니라 실제로 생강과 같은 성분이 들어 있
다고 해.

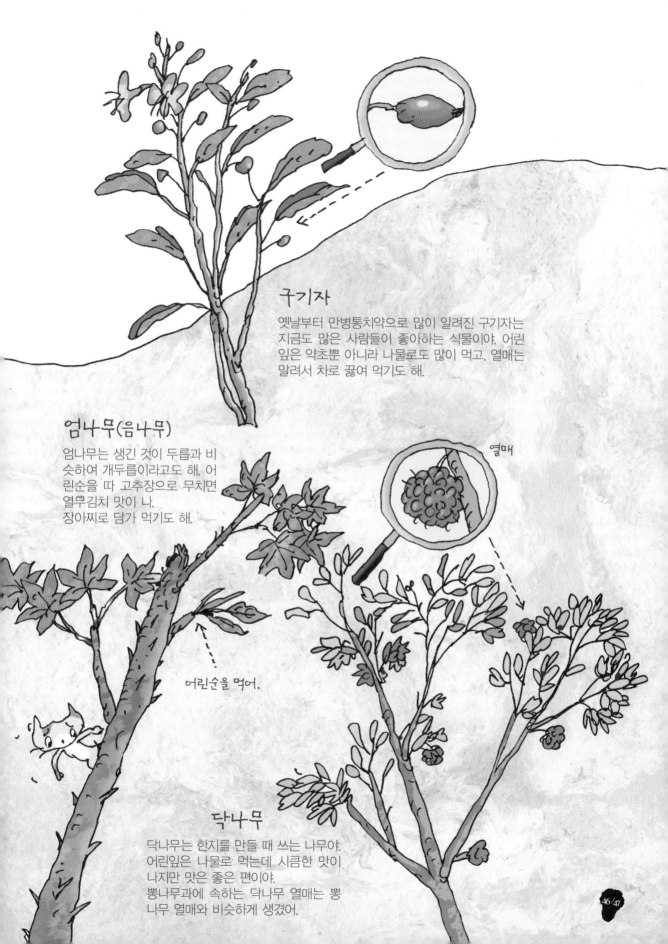

구기자

옛날부터 만병통치약으로 많이 알려진 구기자는 지금도 많은 사람들이 좋아하는 식물이야. 어린 잎은 약초뿐 아니라 나물로도 많이 먹고, 열매는 말려서 차로 끓여 먹기도 해.

엄나무(음나무)

엄나무는 생긴 것이 두릅과 비슷하여 개두릅이라고도 해. 어린순을 따 고추장으로 무치면 열무김치 맛이 나.
장아찌로 담가 먹기도 해.

열매

어린순을 먹어.

닥나무

닥나무는 한지를 만들 때 쓰는 나무야. 어린잎은 나물로 먹는데 시큼한 맛이 나지만 맛은 좋은 편이야.
뽕나무과에 속하는 닥나무 열매는 뽕나무 열매와 비슷하게 생겼어.

함부로 먹으면 큰일 나!

독이 있는 식물이 있어.
이런 식물들은 함부로 손대지 마.

은방울꽃

꽃이 방울처럼 생겼다고 해서 붙여진 이름이
야. 산마늘이나 둥굴레와 비슷하게 생겼어. 모
양만 보고 함부로 먹으면 호흡이 곤란해지고
자칫 죽을 수도 있으니까 조심해야 해.

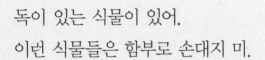

박새

'산마늘'처럼 생겼어. 이른 봄에
깊은 산 속이나 습한 곳에서 잘
자라. 잎은 줄기를 중심으로 포
개진 형태로 나와.
독성이 아주 강해서 사약의 원
료로 쓰이기도 했어.

삿갓나물

우산나물이나 단풍취하고 비슷하게 생겼어.
삿갓나물은 우산나물과 달리 삿갓처럼 생긴
어린잎 위로 우산 꼭지처럼 뾰족하게 나온
부분이 있어. 독이 들어 있어 먹으면 큰 일.

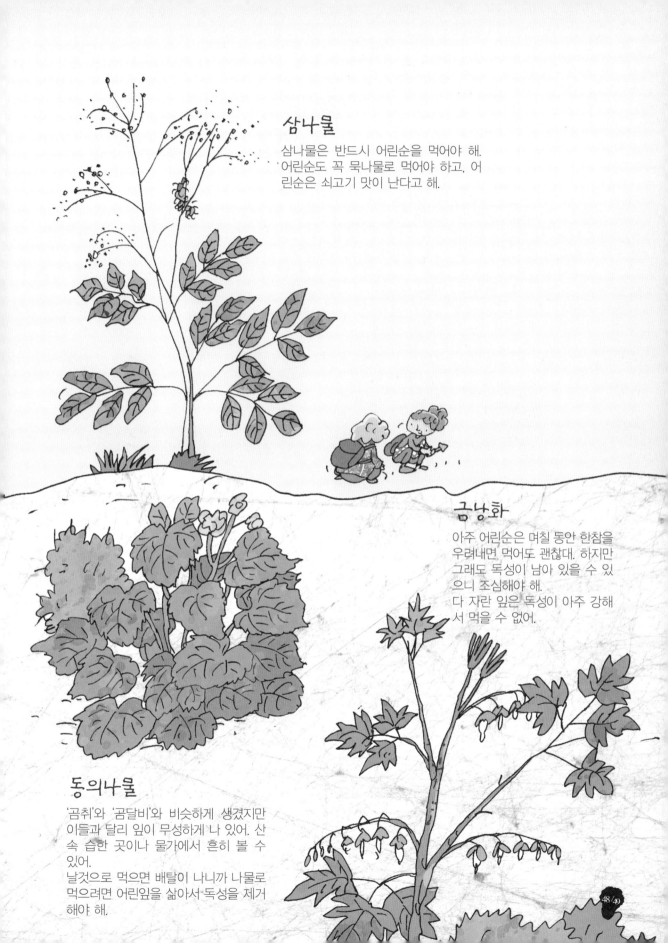

삼나물

삼나물은 반드시 어린순을 먹어야 해.
어린순도 꼭 묵나물로 먹어야 하고, 어
린순은 쇠고기 맛이 난다고 해.

금낭화

아주 어린순은 며칠 동안 한참을
우려내면 먹어도 괜찮대. 하지만
그래도 독성이 남아 있을 수 있
으니 조심해야 해.
다 자란 잎은 독성이 아주 강해
서 먹을 수 없어.

동의나물

'곰취'와 '곰달비'와 비슷하게 생겼지만
이들과 달리 잎이 무성하게 나 있어. 산
속 습한 곳이나 물가에서 흔히 볼 수
있어.
날것으로 먹으면 배탈이 나니까 나물로
먹으려면 어린잎을 삶아서 독성을 제거
해야 해.

나물 오래 보관하기

고사리, 취나물, 고비나물, 쑥 등 어떤 종류의 나물이든
말려서 잘 보관해 두면 오래오래 두고 먹을 수 있어.

1 깨끗하게 씻은 뒤 살짝 데쳐.

2 햇볕이 잘 들고 공기가 잘 통하는 곳에서
되도록 빨리 건조시켜. 천천히 마르면 곰팡
이가 생기기 때문이야.

먹기 좋게
하나씩 포장해.

3 말린 나물을 비닐봉지에 넣어 습기가 차지
않도록 단단히 밀봉하여 보관해.

이렇게 만든 것을 묵나물이라고 한다는 사실, 이미 알고 있지?

소금에 절여 보관하기

풀 냄새가 많이 나고 주로 줄기를 먹는 나물, 두툼한 잎을 가진 나물 등은 소금을 듬뿍 뿌려서 저장하는 것이 좋아.

1

나물을 깨끗하게 씻어서 적당한 크기로 잘라 소금을 뿌린 뒤 납작한 돌로 눌러 놓아.

2

꼬—옥

하룻밤이 지난 후 주변에 생긴 소금물을 꼭 짜 버리고 다시 소금을 뿌려 둬.

3

돌

비닐에 진공 포장

두세 번 먹을 정도의 양으로 나누어 비닐에 포장하여 항아리에 차곡차곡 쟁여 놓아. 이때도 돌로 눌러 놓는 것을 잊으면 안 돼.

4

찬물

싱싱~ 상큼~

요리를 할 때는 찬물에 헹구어 소금기를 빼면 싱싱하고 상큼한 나물 요리를 먹을 수 있어.

외할머니는 모르는 것이 없는
자연학교 선생님이야.
뒷산에 오르면 갖가지 풀과 나물, 나무들과 이야기를 해.
어떻게 그 많은 나물들의 이름을 아실까?
외할머니가 적어 준 종이를 펼쳐 보았어.
봄나물, 여름나물, 가을나물… 아! 머리가 복잡해.
엄마와 나는 외할머니가 캐 주신 나물들을 싸 가지고
기차를 타고 집으로 돌아왔어.

송이표 냉이나물을 부탁해!

1. 냉이를 깨끗하게 손질해.

> 냉이는 흙과 검불이 많아 깨끗이 씻어야 해.

2. 끓는 물에 소금을 조금 넣고 데쳐.

> 뿌리가 단단해 다른 야채보다 조금 더 삶는 것이 좋아.

3. 데쳐진 냉이는 곧바로 찬물에 담군 후 두세 번 더 씻어.

4. 씻은 냉이를 꼭 짜 물기를 빼 내.

꼬ー옥

5. 갖가지 양념을 넣고 무치면 맛있는 냉이무침 완성!

> 갖가지 양념이란?

> 된장, 고추장, 참기름, 다진마늘, 대파, 통깨, 고춧가루 들이야.

행복한 채소 기르기

가지

1. 모종 고르기
꽃이 달려 있고, 잎이나 줄기의 색깔이 진한 것을 골라. 줄기에 잎이 6~7장 정도 붙어 있는지 눈여겨보아야 해.

줄기가 굵어야 해.
흰뿌리가 살짝 보여.

2. 심을 자리 만들기
화분에 흙을 넣고 한가운데를 모종삽으로 파 모종 심을 자리를 만들어.

3. 옮겨심기
화원에서 사 온 모종을 흙이 떨어지지 않게 손으로 잡고 거꾸로 빼 심을 자리에 넣어. 흙으로 두둑하게 덮어 쓰러지지 않게 한 다음 손으로 꾹꾹 눌러 줘.

4. 버팀목 세우기
버팀목을 세운 뒤 끈으로 버팀목과 모종을 살짝 묶어.

5. 물주기
물을 줄 때는 물이 화분 밖으로 흘러내릴 때까지 충분하게 주는 것이 중요해. 모종을 심고 2주 후 정도가 되면 곁눈을 정리하고 거름 주는 것을 잊지 마. 6주 정도가 지나면 크고 단단하고 잘생긴 가지를 만나게 될 거야.

물이 흘러 내릴 정도로 흠뻑 줘야 해.

방울토마토

꽃봉오리가
붙어 있어야 해.

줄기가 굵어야 해.

떡잎이 있어야 해.

1. 모종 고르기
줄기에 잎이 7~8장 정도 붙어 있는
튼튼한 모종을 골라.

2. 심을 자리 만들기
큰 화분에 흙을 넣고 모종 심을
자리를 만들어.

3. 모종 옮겨 심기
모종에 붙은 흙이 떨어지지 않게
조심조심 화분에 옮겨 심어.

4. 버팀목 세우기
길이가 60cm 정도 되는 버팀목을 화분에 세워.
모종을 심고 1주 정도가 지나면 곁눈을 떼어 내.
3주 후가 되면 더 긴 버팀목을 3개 정도 이용하
여 삼각형을 이루도록 세우고 끝을 끈으로 묶어.
거름을 주고 8주가 지나면 동글동글 맛있는 방
울토마토가 열려.

값은 조금 비싸지만
접붙인 모종을
키우는 것이 쉬워.

정말 귀찮은 병충해!

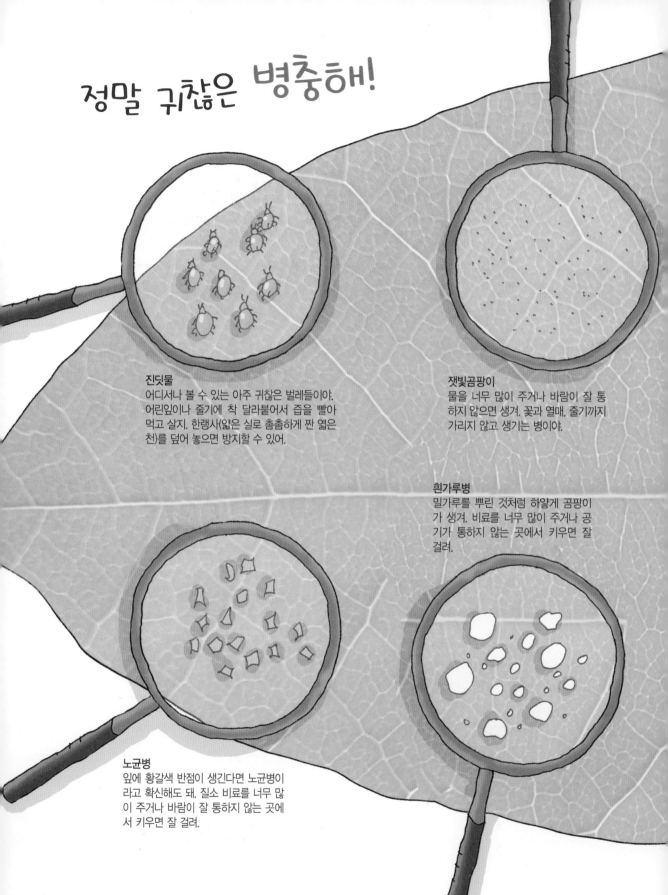

진딧물
어디서나 볼 수 있는 아주 귀찮은 벌레들이야.
어린잎이나 줄기에 착 달라붙어서 즙을 빨아
먹고 살지. 한랭사(얇은 실로 촘촘하게 짠 엷은
천)를 덮어 놓으면 방지할 수 있어.

잿빛곰팡이
물을 너무 많이 주거나 바람이 잘 통
하지 않으면 생겨. 꽃과 열매, 줄기까지
가리지 않고 생기는 병이야.

흰가루병
밀가루를 뿌린 것처럼 하얗게 곰팡이
가 생겨. 비료를 너무 많이 주거나 공
기가 통하지 않는 곳에서 키우면 잘
걸려.

노균병
잎에 황갈색 반점이 생긴다면 노균병이
라고 확신해도 돼. 질소 비료를 너무 많
이 주거나 바람이 잘 통하지 않는 곳에
서 키우면 잘 걸려.

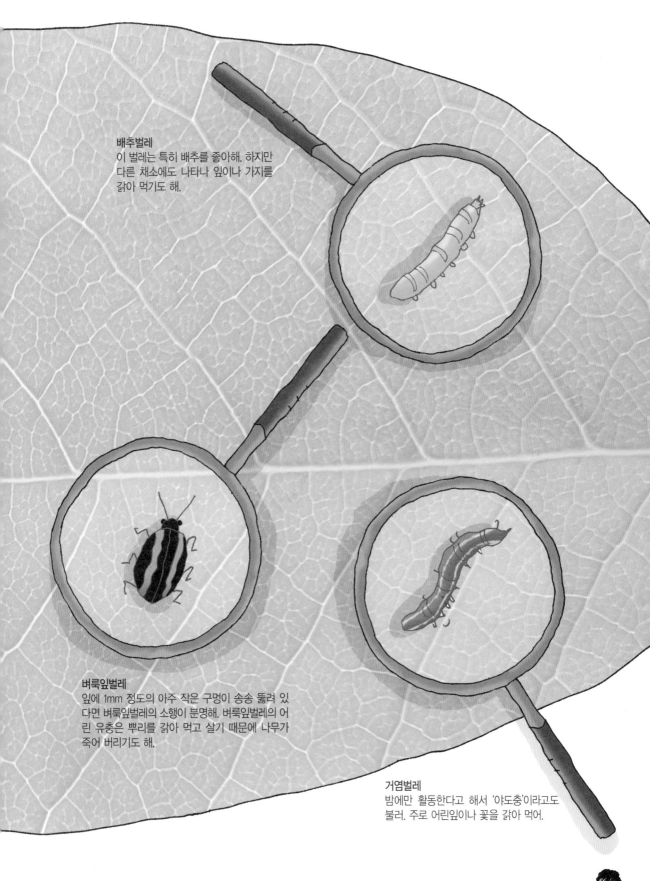

배추벌레
이 벌레는 특히 배추를 좋아해. 하지만 다른 채소에도 나타나 잎이나 가지를 갉아 먹기도 해.

벼룩잎벌레
잎에 1mm 정도의 아주 작은 구멍이 송송 뚫려 있다면 벼룩잎벌레의 소행이 분명해. 벼룩잎벌레의 어린 유충은 뿌리를 갉아 먹고 살기 때문에 나무가 죽어 버리기도 해.

거염벌레
밤에만 활동한다고 해서 '야도충'이라고도 불러. 주로 어린잎이나 꽃을 갉아 먹어.

맛있는 밥상 시리즈는 우리가 즐겨 먹는
음식의 좋은 점과 고마움을 생각해 보는 책입니다.

"엄마, 김치 먹기 싫어. 난 햄버거가 좋단 말이야."

"된장찌개 냄새 싫어. 스파게티 만들어 주세요."

아이들이 엄마에게 투정을 부립니다.

빠르게 들어오는 서구의 음식문화는 우리 아이들의 입맛을 바꾸어 버렸지요.

순수한 자연의 맛을 살려 정성껏 만드는 우리 전통 음식은 기후나 사회, 문화적인 배경으로 형성되어 왔습니다. 사계절 구분이 뚜렷한 기후, 적당한 강수량과 일조량은 농사를 짓기에 더할 나위 없이 좋은 조건을 만들어 주었습니다. 농사의 발전으로 쌀과 잡곡이 많이 생산되면서 다양한 떡이 만들어졌지요.

그뿐인가요? 산에 가면 온갖 산나물이 무궁무진하지요. 채소가 귀한 겨울철을 대비해 지혜롭게 나물을 말려 두었다가 묵나물로 먹기도 했습니다.

또 삼면이 바다로 둘러싸여 있어 수산물이 풍부하고, 수산물을 식품으로 오래 보관할수 있게 장, 젓갈류 등의 발효식품이 일찍부터 발달되어 왔어요.

특히 우리 음식은 정성과 노력이 많이 드는 음식입니다. 인스턴트 음식은 쉽고 빠르게 먹을 수 있는 장점이 있지만 정성 가득한 우리 전통 음식에 비하면 영양이 많이 부족하지요.

우리나라에서 나는 신선한 재료로, 정성 듬뿍 담아 만든 우리 밥상으로 건강한 어린이들이 되기를 바랍니다.

지은이 백명식

★추천의 글

건강하게 병 없이 지내려면 음식을 잘 먹어서 몸을 만들고 조절해야 하지요.

병이 난 다음 약으로 치료하는 것보다 우선입니다.

우리나라는 전통적으로 채식위주의 소박한 식단이 많아요. 햇볕이 좋고 바람이 불고

비를 맞고 자란 싱싱한 나물들은 옛날엔 '푸성귀'라고 했어요.

계절과 함께 땅에서 올라오는 기운을 먹고 자라서 크기 때문에 우리는 채소를 먹음

으로 그 기운을 받아 튼튼하게 크는 것입니다.

나물은 비타민, 무기질이 많아서 우리 몸에 영양을 조절해 주고, 푸른색, 붉은색, 뿌

리 등 각각의 영양도 맛도 색도 달라서 생것으로 또는 익혀서 먹는 우리 조상들의 지

혜로운 자연건강식입니다

이 책은 나물들을 계절로, 먹는 부위별 잎, 줄기, 뿌리 등을 세세히 가르쳐 주고, 맛있

게 먹는 법도 설명해 주고 있습니다.

우리 집 밥상에 나물들로 만든 무생채, 냉이나물, 시금치국, 곤드레밥,

호박죽, 우엉조림 등이 매일 달라지게 올라와 맛있게 먹으면

평화롭고 행복한 우리 식구들이 보입니다.

한복선
(한복선 식문화연구원 원장, 궁중음식 이수자)

우리 음식이
최고!

백명식 글·그림

백명식 선생님은 경기도 강화에서 태어나 미술대학에서 서양화를 전공했어요.
출판사 편집장을 지냈으며, 직접 쓰고 그린 책으로『울 엄마 아빠 어렸을 적에』『위대한 쌀과 밥』『콕콕 찍어 가르쳐주는 호기심 교과서』『김치 더 주세요』『콩엄마의 냄새나는 삼청제』『엄마 배고파 밥 주세요』『웬 떡이야』『게 섰거라』등이 있고,
그린 책으로『나 하나쯤이야』『책 읽는 도깨비』『책 읽어 주는 바둑이』『이이화 역사 할아버지가 들려주는 발효 이야기』『다짐 대장』등이 있어요.
사보, 잡지, 캘린더, 벽화 등 다양한 활동을 하지만 주로 어린이를 위한 일에 온힘을 쓰고 있지요.
중앙광고대상, 서울일러스트상, 2008년 한국일보 선정 올해의 일러스트레이터상을 수상했답니다.